Carola Jacobi

Wir feiern ein Indianerfest

AUGUSTUS

Inhalt

Einladung »Kleines Adlerauge«

Um die kleinen Gäste schon von Anfang an richtig auf das Indianerfest einzustimmen, werden sie natürlich »indianergetreu« eingeladen.

Das wird gebraucht

farbige Briefkarten

Moosgummi in Schwarz (für das Haar) und verschiedenen Brauntönen (für Gesichter und Oberkörper)

farbige Moosgummireste (für Kleidung und Stirnbänder)

Transparent- oder Butterbrotpapier

weicher Bleistift

Schere

Klebstoff

2 Wackelaugen pro Einladung

Filzstifte

eventuell Federn (z. B. gefärbte Marabufedern)

So wird's gemacht

Die einzelnen Teile des Indianers werden zunächst mit einem Bleistift von der Vorlage auf Seite 30 auf etwas Transparent- oder Butterbrotpapier abgepaust und danach die Umrisse auf den entsprechenden farbigen Moosgummi übertragen.

Nach dem Ausschneiden werden die einzelnen Teile, wie auf der Vorlage dargestellt, zusammengeklebt (die gestrichelten Linien stellen jeweils die unten liegenden bzw. verdeckten Teile dar).

Jetzt bekommt der kleine Indianer zwei Wackelaugen aufgeklebt sowie die Nase, den Mund und eine Kriegsbemalung aufgemalt. Außerdem werden die verschränkten Arme mit einem schwarzen Filzstift nachgezeichnet. Wer möchte, kann auch noch das Stirnband und die Borte auf der Hose mit einem Muster verzieren.

Als Kopfschmuck kleben Sie entweder eine Feder aus Moosgummi (wie auf der grünen Karte) oder eine echte farbige Feder, z. B. eine Marabufeder, hinter das Stirnband.

Abschließend wird das »Kleine Adlerauge« auf eine Karte geklebt und mit entsprechendem Text an alle Freunde verschickt.

Indianeressen

Nicht nur für den Bärenhunger, sondern auch für das wachsame Indianerauge gibt's hier etwas Köstliches ...

Maissalat »Großer Büffel«

(für etwa acht Kinder)

So wird's gemacht

Als Erstes werden die Tomaten, die Paprika und die Gurke gewaschen. Die entkernte Paprika und die Tomate werden in kleine Würfel geschnitten. Die Gurke wird geschält, wobei Sie ein paar längere Streifen von der Schale für die spätere Verzierung zurückbehalten.

Der Mais wird ohne Saft in eine große Schüssel gegeben und mit der Tomate, der Gurke und der Paprika gemischt. Der Schmand wird mit der »Salatkrönung«, dem Salz und dem Pfeffer verrührt, über den Mais gegeben und alles gut gemischt.

Für die Verzierung werden die beiden Möhren geschält und jede Möhre längs vorsichtig in drei dicke Streifen geschnitten. Aus vier der so erhaltenen sechs dicken Streifen werden, wie auf dem Bild dargestellt, »Möhrenfedern« geschnitten. Aus einem weiteren Streifen schneiden Sie kleine Rechtecke

heraus und fertigen so den Indianermund an.

Das hart gekochte Ei wird in Scheiben geschnitten und zwei Scheiben mit einem Tupfen Tomatenmark oder Rot/Weiß-Ketchup in der Mitte als Augen auf dem Maissalat angeordnet. Aus der Gurkenschale wird der Kopfschmuck geformt, der noch mit Tomatenmarkstreifen oder -tupfen verziert werden kann. Die Nase wird von der Tomatenendscheibe gebildet. Zum Schluss verpassen Sie dem Indianergesicht noch eine Kriegsbemalung aus kurzen Gurkenstreifen, die gegebenenfalls mit ein paar Tupfen Tomatenmark verziert werden können.

Frikadellen »Lachendes Bleichgesicht«

(Das Rezept reicht für acht bis zehn Frikadellen.)

Das wird gebraucht

500 g gemischtes Hackfleisch
1 Packung »Hackbraten-Fix«
1/8 l Wasser
1 kleine Zwiebel
70 g geriebener Käse oder klein gehackter Käse
etwas Pfeffer, Salz und Paprikapulver zum Abschmecken
etwas Öl zum Braten
Glas oder großer runder Plätzchenausstecher
Küchenpapier

Zum Verzieren
8 – 10 Scheiben Scheiblettenkäse
Cocktailtomaten
3 – 4 hart gekochte, in Scheiben geschnittene Eier
4 Cornichons
Rot/Weiß-Ketchup

Zubereitungszeit
etwa eine Stunde

So wird's gemacht

Das Hackfleisch wird mit dem geriebenen Käse, der in Würfel geschnittenen Zwiebel, dem »Hackbraten-Fix«, dem

Wasser und den Gewürzen gründlich vermengt. Formen Sie nun acht bis zehn flache Frikadellen daraus und braten Sie diese mit etwas Öl in einer Pfanne so lange, bis sie durch sind. Anschließend lassen Sie die Frikadellen auf etwas Küchenpapier gut abtropfen.

Sobald die Frikadellen abgekühlt sind, kann mit dem Verzieren begonnen werden. Hierzu stechen Sie aus dem Scheiblettenkäse Kreisflächen in der Größe der Frikadellen aus (z. B. mit einem Glas) und legen diese auf die Frikadellen. Als Augen werden auf jede Frikadelle je zwei Eischeiben gelegt und in der Mitte des Eigelbs je eine kleine Cornichonscheibe angeordnet. Die Nase wird von einer halben Cocktailtomate gebildet. Zum Schluss erhält das Bleichgesicht noch einen breiten lachenden Mund aus Rot/Weiß-Ketchup.

Bowle »Großer Manitou«

So wird's gemacht

Die Mandarinenorangen mit dem Saft
am Abend vorher in einen Eiswürfel-
behälter füllen und über Nacht in das
Gefrierfach stellen. Gießen Sie den Tee
mit kochendem Wasser auf und lassen
Sie ihn ziehen und abkühlen. Sie können statt des Tees auch gut gekühlten
Fruchtsaft verwenden.

Aus der Honigmelone werden mit einer
Eiskugelzange (notfalls tut's auch ein
kleiner Löffel) kleine Kugeln ausgesto-
chen und zusammen mit den Himbee-
ren in den Tee oder Fruchtsaft gegeben.
Alles mit etwas Zucker abschmecken
und kalt stellen. Kurz bevor die Gäste
kommen, werden die gefrorenen Mandarinenorangen in die Bowle gegeben.

Besonders gut schmeckt die Bowle aus
»indianischen Strohhalmen«, die mit
ein oder zwei Federn dekoriert sind.

Indianer– schmuck

Am Anfang des Festes wird erst mal gebastelt. Schließlich braucht ein Indianer entsprechende Utensilien für seinen Auftritt. Neben dem Kopfschmuck für Jungen und Mädchen eignen sich für die Indianerjungen besonders gut die »Amulette für tapfere Krieger«, während die Indianermädchen Ketten und Armbänder zu ihren Kleidern herstellen können. Die Nudeln, die man dazu benötigt, werden am besten schon am Tag vor dem Fest gefärbt, damit sie genügend Zeit zum Trocknen haben. Natürlich können die Mädchen ebenso gut Amulette und die Jungen Ketten für ihre Stammeskleidung basteln. Der Phantasie sind hier keine Grenzen gesetzt.

Kopfschmuck

So wird's gemacht

Zunächst werden mit dem Klebeband die Federn auf der Rückseite (glatten Seite) der Wellpappe fixiert. Dann wird der Kopfschmuck um die Stirn des entsprechenden Kindes gelegt und die Stellen, an denen die Gummilitze befestigt werden soll, mit Bleistift markiert, damit der Kopfschmuck später auch richtig sitzt. Die Gummilitze wird am einfachsten mit einem Bürohefter an den markierten Stellen befestigt.

Das wird gebraucht

Für 1 Kopfschmuck
1 Streifen farbige Wellpappe,
   etwa 30 – 40 cm lang und 4 cm breit
Klebeband (Isolierband oder Kraftband)
viele farbige Federn
Nähfaden oder Perlonschnur
bunte Perlen oder kleine Holzkugeln
etwas Gummilitze
Bleistift
Bürohefter

Falls der Kopfschmuck mit der glatten Seite nach außen getragen werden soll, können ihn die Kinder auch noch nach Lust und Laune bemalen. In diesem Fall werden die Federn am besten auf der gewellten Seite der Pappe befestigt.

Zum Schluss werden zunächst eine bunte oder eine Holzperle auf den Nähfaden oder die Perlonschnur gefädelt und der Faden an der Perle oder am Fadenende verknotet. Danach werden die Hälfte der restlichen Perlen auf den Faden gefädelt und dieser so mithilfe des Bürohefters am Kopfschmuck befestigt, dass er an der Seite herunterhängt. Mit dem zweiten Faden wird ebenso verfahren.

Amulette für tapfere Krieger

Das wird gebraucht

FIMO in verschiedenen Farben
Förmchen zum Ausstechen (z. B. Plätzchenausstecher)
ausgediente Kulihülse zum Ausstechen
   des Anhängerlochs
Kordel oder Band (z. B. Lederriemchen
   oder Moosgummischnur)
Nudelholz oder leere Flasche

So wird's gemacht

Das FIMO wird in der entsprechenden Farbe für das Amulett gut durchgeknetet und entweder mithilfe eines Nudelholzes oder einer leeren Flasche ausgerollt. Danach stellen die kleinen Indianer mit einem Ausstecher oder einem Glas die gewünschte Amulettform her.

Als Anregung können die Kinder versuchen, ihre Amulette so zu fertigen, dass man ihren Phantasienamen (siehe hintere Umschlaginnenseite) daraus erraten

kann (z. B. »Wieherndes Pferd« oder Häuptling »Großer Schwarzfuß«). Nun können die Amulette mit weiteren kleinen FIMO-
Figuren in anderen Farben (z. B. mit einem Pferdchen für Häuptling »Tapferes Pferd« oder einer Feder für Krieger »Adlerfeder« usw.) oder mit verschiedenen Ornamenten verziert werden.

Zum Schluss wird noch ein Loch in das fertige Amulett gestanzt, durch das später die Kordel gezogen werden kann.

Die FIMO-Rohlinge werden im Ofen bei 130 °C (Umluft 100 °C) etwa 20 bis 30 Minuten gehärtet. Wenn die Anhänger erkaltet sind, wird eine Kordel durch das vorgestanzte Loch gezogen. Nun nur noch die beiden Kordelenden miteinander verknoten und fertig ist der India-

Ketten und Armbänder für Indianermädchen

Die gefärbten Nudeln werden nach dem Trocknen in der gewünschten Reihenfolge auf eine Kordel gefädelt und abschließend die beiden Kordelenden miteinander verknotet.

Das wird gebraucht

verschiedene hohle Nudeln
Kordel oder Schnur (z. B. Perlonschnur;
    für die Armbänder eignet sich
    besonders gut Gummiband)
Wasserfarben oder verschiedenfarbige
    Lacke aus Sprühdosen
Pinsel
Unterlage (z. B. Schuhkartondeckel)

So wird's gemacht

Die Nudeln werden, sofern es sich nicht schon um bunte Nudeln handelt, entweder mit Wasserfarben bemalt oder mit farbigem Lack besprüht. Hierzu wird die benötigte Menge an Nudeln, die in einer Farbe gefärbt werden soll, auf eine Unterlage gelegt. Es dürfen dabei keine Nudeln übereinander liegen.

Sobald die Farbe etwas getrocknet ist, werden die Nudeln gewendet und dann wird die andere Seite lackiert oder bemalt.

Indianer– kleidung

Ein Indianerfest macht mit der passenden Kostümierung doppelt Spaß.

Das wird gebraucht

Jute oder Sackleinen (Meterware); notfalls geht auch ein Kartoffelsack
1 großes T-Shirt als Vorlage
1 Streifen Wellpappe als Gürtel
Moosgummifiguren (gibt es im Bastelgeschäft)
bunte Perlen
Stecknadeln
schwarzer Filzstift
Klettband
Nähfaden und Nadel
Schere
Klebstoff

Squaw–Kleid

So wird's gemacht

Zunächst legen Sie den Jutestoff doppelt und befestigen auf dem zusammengelegten Stück ein entsprechend großes T-Shirt mit ein paar Stecknadeln.

Danach werden die Konturen des T-Shirts mit dem Filzstift umrandet und der Stoff entlang der vorgezeichneten Markierung ausgeschnitten.

Nun werden die beiden Teile an den Seiten und oben an den Schultern zusammengenäht (nicht vergessen den Halsausschnitt freizulassen). Es empfiehlt sich, den Jutestoff vorher, beispielsweise mit einer Nähmaschine mit Zick-Zack-Stichen, einzufassen, damit er sich besser nähen lässt und nicht so leicht ausfranst.

Abschließend besticken Sie das Kleid noch mit bunten Perlen und bekleben es mit Moosgummifiguren.

Für den Gürtel schneiden Sie einen etwa 4 bis 5 cm breiten Wellpappestreifen zurecht, der so lang sein muss, dass er mindestens einmal gut um den Bauch des Kindes geht. An den Gürtelenden wird als Verschluss ein dünner Streifen Klettband befestigt.

Wer Lust hat, kann den Gürtel, ebenso wie das Kleid, noch mit Moosgummifiguren bekleben.

Indianerhose

So wird's gemacht

Legen Sie zunächst den Stoff in der Mitte zusammen. Damit er nicht verrutschen kann, wird er mit ein paar Stecknadeln zusammengeheftet. Legen Sie nun die Hose auf den Stoff und umfahren Sie die Umrisse mit dem schwarzen Filzstift.

Als Nächstes wird der Stoff entlang der Konturen ausgeschnitten und die bei den Hosenteile an den Beinaußen- und -innenseiten zusammengenäht. Auch hier empfiehlt es sich, wie beim Squaw-Kleid die Stoffkanten zuvor am besten mithilfe einer Nähmaschine etwas einzufassen, damit der Stoff nicht ausfranst.

Der richtige indianische Touch wird der Hose abschließend durch Aufnähen oder Aufkleben mehrerer Fensterlederstücke verliehen. Dazu schneiden Sie das Fensterleder in mehrere lange Streifen oder andere Formen, z. B. Dreiecke, Vierecke, Kreise, und bemalen diese mit verschiedenen bunten Mustern. Die bemalten Lederstücke werden danach auf die Hose geklebt.

Das wird gebraucht

Jute oder Sackleinen (Meterware)
Hose als Schablone
Stecknadeln
schwarzer Filzstift
Nähnadel und Faden
Fensterleder
Stoffmalfarben oder Filzstifte
Gardinenkordel oder andere schöne
   Kordel als Gürtel
Klebstoff

Indianer auf dem Kriegspfad

Schminke

Schminken macht Spaß. Hier wurde ausschließlich wasserlösliches Make-up verwendet, da es ausgezeichnet hautverträglich ist und sich auch gut wieder abwaschen lässt. Außerdem gibt es dieses Make-up in einer großen Farbpalette mit allerlei Zubehör, wie z. B. goldenem und silbernem Glitzerpulver oder Glitzer-Gelen.

Das wird gebraucht

hellbraune, rote, grüne, blaue, gelbe
   und weiße Schminke
eventuell etwas Glitzer oder Glitzer-Gel
Schminkschwämmchen
mittelstarker Pinsel

So wird's gemacht

Als Erstes feuchten Sie das Schwämmchen mit wenig Wasser an. Das geht sehr gut mit einer Sprühflasche. Danach tragen Sie mit dem Schwämmchen eine hellbraune Grundierung auf das ganze Gesicht auf.

Nachdem die Grundierung getrocknet ist, werden auf Stirn, Wangen, Kinn und Nase verschiedene Muster in verschiedenen Farben aufgetragen.

Wer möchte, kann die Muster noch mit Glitzer-Gel betonen. Dazu wird ein leicht angefeuchteter Pinsel in das Glitzer-Gel getaucht und vorsichtig auf die Schminke aufgetragen.

Tipi

Ein Zelt gehört zu jedem echten Indi-
anerfest. Der Zeltbau lässt sich ohne
viel handwerkliches Geschick am ein-
fachsten zu zweit durchführen.

So wird's gemacht

Die Kordel wird etwa 20 bis 30 cm von
einem Stangenende entfernt fest um
die Holzstäbe gewickelt und festgebun-
den. Danach werden die Stäbe am unte-
ren nicht zusammengebundenen Ende
vorsichtig auseinandergezogen, und
schon ist das Tipi-Gerüst fertig gestellt.
Nun werden die Betttücher rund um
das Gerüst gelegt und mithilfe der Nägel und des Hammers an den Stangen
befestigt. Eine Seite des Zeltes bleibt als
Eingang offen. Zum Schluss werden die
Zeltwände noch mit phantasievollen indianischen Symbolen bemalt.

Das wird gebraucht

5 bis 6 gleich lange dicke Holzstäbe
   (z. B. Bambusstangen), etwa 200 cm
   lang
dicke Kordel oder Wäscheleine, 80 cm
   lang
einige alte Betttücher oder Decken
kleine Nägel (zur Not gehen auch
   Reißzwecken)
Hammer
eventuell Stoffmal- oder Fingerfarben
   oder Farbe aus der Sprühdose

Speer

Das wird gebraucht

Holzstab, etwa 100 – 150 cm lang
Alufolie
Isolierband oder andere Klebebänder
   in verschiedenen Farben (alternativ
   geht auch Kreppband)
bunte Federn
bunte Perlen
Wasserfarbe oder Lack
Pinsel
Nähgarn oder Perlonfaden

So wird's gemacht

Der Holzstab wird mit Wasserfarben oder einem Lack in der gewünschten Farbe angemalt. Wenn die Farbe getrocknet ist, wird ein Ende des Stabs mit Alufolie umwickelt, so dass etwa 8 bis 10 cm der Alufolie überstehen. Die Alufolie wird nun zur Spitze verdreht. Das Ende der Alufolie, das um den Holzstab gewickelt ist, wird mit Isolierband befestigt. Der Speer kann noch mit bunten Ringen verziert werden. Hierzu werden verschiedenfarbige Isolier- oder andere Klebebänder um den Stab gewickelt. Am Speerende werden mit Klebeband einige bunte Federn befestigt. Die Perlen werden auf Nähgarn oder Perlonfäden aufgezogen, die Fadenenden miteinander verknotet und abschließend am oberen Ende des Speers mit etwas Klebeband fixiert.

Indianerspiele

Geschminkt, gekleidet und mit entsprechenden Indianerutensilien versehen, kann's nun endlich losgehen. Die Kinder dürfen bei lustigen Spielen unter Beweis stellen, wie viel indianisches Blut in ihren Adern fließt.

Federnrupfen

So wird's gespielt

Vor Spielbeginn werden auf jede Wäscheklammer ein oder zwei farbige Federn, z. B. mithilfe von Isolierband oder Heißklebepistole, geklebt.

Jedes Kind bekommt mindestens fünf Wäscheklammern an seiner Kleidung

Das wird gebraucht

viele Wäscheklammern (pro Indianer
   mindestens 5)
viele farbige Federn
Klebstoff oder Isolierband
eventuell Heißklebepistole

befestigt. Wichtig ist am Spielanfang, dass alle Kinder gleich viele Klammern haben. Und jetzt geht's los. Jedes Kind muss versuchen, von den anderen Kindern so viele Federn wie möglich zu ergattern.

Wer am Schluss die meisten Federn erbeutet hat, darf als Nächstes Häuptling sein.

Wettkampf um den Schatz im Silbersee

So wird's gespielt

Vor Spielbeginn wird die Mitte des Planschbeckens mit einem Klebestreifen markiert. Der Klebestreifen sollte eine andere Farbe als der Planschbeckenboden haben, damit man ihn auch gut sieht. Jetzt wird das Becken mit so viel Wasser gefüllt, dass der Boden gut bedeckt ist.

Das wird gebraucht

Planschbecken
zwei gleich lange Stöcke, etwa 50 cm
    lang
Schnur
2 Magneten
etwa 40 Pfennig- oder andere Geld-
    stücke
Klebeband
Heißkleber

Um die Angel herzustellen, wird eine mindestens 40 bis 50 cm lange Schnur an einem Stockende verknotet. An dem anderen Ende der Schnur befestigt man den Magneten. Das klappt sehr gut mit Heißkleber, da dieser wasserfest ist. Mit der anderen Angel wird genauso verfahren.

Zu Spielbeginn erhalten zwei Indianer jeweils eine Angel. In jede Beckenhälfte werden nun gleich viele Pfennige gelegt.

Auf das Startzeichen fangen die beiden Indianer an, um die Wette die Geldstücke aus dem Becken zu angeln. Wer gewonnen hat, darf als Nächstes das Startzeichen zum Wettangeln geben.

Wettschnappen

Das wird gebraucht

Krepppapierband in 2 verschiedenen
  Farben
Wäscheleine oder lange Kordel
1 Packung Brezeln

So wird's gespielt

Zu diesem Spiel müssen zunächst alle Gäste in zwei Stämme eingeteilt werden, z. B. Sioux und Comanchen, Cheyenne und Schwarzfuß-Indianer oder Apachen und Shoshonen.

Die Mitglieder der beiden Stämme werden durch verschiedenfarbige, etwa 40 cm lange Krepppapierbänder, die

um den Arm oder Bauch gebunden werden, gekennzeichnet. Beispielsweise erhalten die Sioux blaue und die Comanchen grüne Bänder.

Nun werden mit mehreren dünnen etwa 15 cm langen Bändern aus Krepppapier so viele Brezeln, wie Mitspieler anwesend sind, an der Wäscheleine in einem Abstand von etwa 20 cm befestigt. Es muss dabei darauf geachtet werden, dass sich die Stammesfarben abwechseln. Die Leine wird etwa so hoch aufgespannt, wie der größte Indianer groß ist.

Die Mitglieder jedes Stamms stellen sich nun hintereinander in einer Reihe auf.

Auf das Kommando »Los!« rennt jeweils der erste Indianer der beiden Stämme los und versucht, eine Brezel, die an einem Band in seiner Stammesfarbe hängt, zu schnappen. Hat er dies geschafft, rennt er zurück und klatscht den nächsten Indianer seines Stamms ab. Dieser rennt daraufhin los und muss die nächste Brezel schnappen.

Gewinner ist der Stamm, der zuerst alle seine Brezeln von der Leine geholt hat.

• Tipp •

Das Spiel kann statt mit Brezeln auch mit Würstchen, Karottenstückchen, Apfelringen oder Ähnlichem gespielt werden.

Indianerquiz

Nach den hitzigen Bewegungsspielen gibt's etwas Kopfarbeit. Hier ist großes Indianerwissen gefragt.

● Wie viele verschiedene Indianer-stämme kennst du?
(z. B. Apache, Blackfoot, Cherokee, Cheyenne, Crow, Comanche, Delaware, Hopi, Irokese, Mohawk, Navajo, Osage, Pawnee, Pueblo, Seneca, Shoshone, Sioux, Yahi, Yuma, Zuni)

● Wie heißen die Boote der Indianer, die mit Paddeln fortbewegt werden?
(Kanus)

● Wie heißt bei den Indianern eine Gruppe von verwandten Familien?
(Klan)

● Wie nennen die Indianer ihr tragba-res, kegelförmiges Zelt, das aus Bison-häuten, die über Stangen gespannt wurden, gebaut ist?
(Tipi)

● Wie heißt die Kriegskeule der In-dianer, die diese im Kampf verwen-deten?
(Tomahawk)

● Wie wurden die Indianer genannt, die eine enge Verbindung zur Geister-welt hatten?
(Schamanen)

● Wie heißen die Schuhe der Indianer?
(Mokassins)

● Woraus bestand der Kopfschmuck der Indianerkrieger?
(Aus Steinadlerfedern)

● Wie heißen die Wappenpfähle der In-dianer?
(Totempfähle)

● Aus welchen Materialien wurden die Tipis gebaut?
(Aus Bisonhäuten und Holzstangen)

● Wie hießen die Behausungen der Stämme im Südwesten?
(Pueblos oder Cliffdwellings)

● Wie hießen die Anführer der Indianerstämme? Kennst du den Namen eines Indianeranführers?
(Häuptlinge; Crazy Horse, Sitting Bull)

● Was stellten die Totempfähle dar?
(Die Totempfähle stellten die Wappenpfähle der Indianer dar und erzählten deren Familiengeschichte.)

● Wovon ernährten sich die Indianer Nordamerikas?
(Von Fisch und Fleisch, aber auch von Mais, Kürbis, Bohnen und Wildpflanzen)

● Welche Waffen benutzten die Indianer, wenn sie auf dem Kriegspfad waren?
(Pfeil und Bogen, Speer, Tomahawk)

● Wie machten die Indianer Feuer?
(Durch Aneinanderreiben von Holzstöckchen; da dies jedoch sehr lange dauerte, bemühten sich die Indianer, ihr Feuer nie ausgehen zu lassen.)

● Wie verständigten sich die Indianer verschiedener Stämme untereinander?
(Mithilfe der Zeichensprache)

● Nenne typische Musikinstrumente der Indianer!
(Trommel, Flöte, Rasseln, Knarren)

● Welche Handwerkskünste wurden bei den Indianern ausgeübt?
(Weben, Töpfern, Korbflechten)

● Wie viele Indianerstämme gab es in Nordamerika, als dort die ersten Europäer eintrafen?
(Etwa 600 verschiedene Stämme)

Die Deutsche Bibliothek – CIP-Einheitsaufnahme

Ein Titeldatensatz dieser Publikation ist bei Der Deutschen Bibliothek erhältlich.

Fotografie: Achim Kalk, Kelkheim
Lektorat: Susanne Gugeler, Mering
Umschlagkonzeption: Kontrapunkt Kopenhagen
Reihenkonzeption: Kontrapunkt Kopenhagen
Umschlag- und Innenlayout: Angelika Tröger

AUGUSTUS VERLAG, München 2000
© Weltbild Ratgeber Verlage GmbH & Co. KG, München

Satz: Gesetzt aus 9,5 Punkt The Sans von Angelika Tröger
Reproduktion: Repro Ludwig, A-Zell am See
Druck und Bindung: Offizin Andersen Nexö, Leipzig

Gedruckt auf 135 g umweltfreundlich chlorfrei gebleichtes Papier.

ISBN 3–8043–0716–7
Printed in Germany